LE 3e CORPS

DE L'ARMÉE D'ITALIE

A MAGENTA ET A SOLFÉRINO

PAR

le Colonel E. PERROSSIER

MAINTENEUR DE L'ACADÉMIE DES JEUX FLORAUX

PARIS

LIBRAIRIE MILITAIRE DE L. BAUDOIN

IMPRIMEUR-ÉDITEUR

30, Rue et Passage Dauphine, 30

1897

LE 3e CORPS DE L'ARMÉE D'ITALIE

A MAGENTA ET A SOLFÉRINO

PARIS — IMPRIMERIE L. BAUDOIN, 2, RUE CHRISTINE.

LE 3e CORPS

DE L'ARMÉE D'ITALIE

A MAGENTA ET A SOLFÉRINO

PAR

le Colonel E. PERROSSIER

MAINTENEUR DE L'ACADÉMIE DES JEUX FLORAUX

PARIS

LIBRAIRIE MILITAIRE DE L. BAUDOIN

IMPRIMEUR-ÉDITEUR

30, Rue et Passage Dauphine, 30

1897

LE 3e CORPS DE L'ARMÉE D'ITALIE

A MAGENTA ET A SOLFÉRINO.

I. — MAGENTA.

Le 4 juin 1859, j'étrennais mes épaulettes de capitaine. Attaché le même jour à l'état-major général du 3e corps de l'armée d'Italie, le colonel de Senneville m'avait, dès le matin à Novare, présenté au maréchal Canrobert et donné l'ordre de rejoindre le soir à San-Martino, où toute l'infanterie du corps d'armée devait être réunie, ou plus loin, si, *par hasard*, on avait passé le Tessin.

Le 3e corps devait quitter Novare à 11 *heures* du matin ; mais il était 1 *heure* de l'après-midi avant que la route, encombrée par l'artillerie de réserve et les bagages du 4e corps, qui se rendait à Trécate, fût assez dégagée pour lui permettre de commencer son mouvement. La brigade Picard, de la division Renault, qui avait reçu l'ordre de renforcer les grenadiers de la garde à San-Martino, avait seule pris les devants à 9 *heures* du matin. Personne, du reste, ne s'attendait à une bataille.

A 2 *heures*, je me mettais en route. A peine avais-je franchi trois kilomètres, que j'entendais le canon, ce qui me faisait prendre le grand trot pour dépasser les troupes marchant dans la même direction. Arrivé à la tête de la division Trochu, le général me demandait des nouvelles, que je ne pouvais lui donner ; je traversais Trécate au milieu d'un encombrement indescriptible, et je continuais mon chemin vers le pont de San-Martino. Dans la direction du Tessin, on voyait une grosse fumée ; mais on ignorait encore complètement ce qui se passait au delà de cette rivière, que les grenadiers de la garde avaient franchie depuis midi.

A la hauteur de San-Martino, la route, fortement encaissée, n'était plus praticable; des fourgons renversés l'interceptaient, et les troupes étaient arrêtées. Le général de Luzy-Pélissac, grimpé sur le haut de la tranchée et braquant sa lorgnette dans la direction de Magenta, cherchait à distinguer quelque chose, pendant que l'on travaillait à déblayer le chemin. Gravissant à mon tour le talus, je tournais l'obstacle et gagnais le pont, dont les deux premières arches, rompues par les Autrichiens, avaient été réparées à la hâte avec quelques madriers. Je le traversais au pas de course, en traînant mon cheval par la figure, et ne tardais pas à arriver à Ponte-Nuovo, situé sur le large canal appelé *Naviglio-Grande,* qui traverse le plateau à peu près parallèlement au Tessin. Le pont, en pierre, n'avait pas été détruit; dans un fourneau de mine, béant au milieu du tablier, s'enfonçait, la tête en bas, un cadavre de cheval, et tout autour on voyait les traces nombreuses de la lutte acharnée dont ce point avait été le théâtre dans la journée.

Là, enfin, j'apprenais que le maréchal Canrobert n'était pas loin, et, me jetant à travers champs sur la droite, je le rejoignais sur la chaussée du chemin de fer, au moment où il venait de mettre pied à terre pour escalader le talus de la redoute construite à l'extrémité du plateau, sur lequel le général Picard luttait héroïquement depuis deux heures.

— Mon colonel, dis-je en me présentant au colonel de Senneville, vous m'aviez donné l'ordre d'arriver ce soir; mais j'ai entendu du bruit et j'ai pensé qu'il valait mieux venir tout de suite.

— Vous avez très bien fait; vous n'y perdrez rien.

Voici quelle était, à ce moment, la physionomie de la bataille:

Le 2e corps d'armée (Mac-Mahon) qui, dès la veille, avait franchi le Tessin et occupé Robecchetto après un brillant combat d'avant-garde, et la division de voltigeurs (Camou), qui avait passé la nuit à Turbigo, marchaient sur Magenta et se trouvaient aux prises, sur la rive gauche du canal, avec les Ier et IIe corps autrichiens, et la division Reischach, de leur VIIe corps. La 1re brigade des grenadiers de la garde (Cler) se dirigeait sur le même point, après s'être emparée de Ponte-Nuovo, où son général avait été tué.

Le général Wimpffen, qui, avec le 3e grenadiers, avait vigoureusement enlevé la redoute construite par les Autrichiens au-dessus de la tranchée du chemin de fer, luttait énergiquement pour s'y maintenir contre des forces imposantes, incessamment amenées de Robecco et de Ponte-Vecchio.

Arrivé à son tour à 2 *heures*, le général Picard, se jetant résolument sur la droite avec toute sa brigade, avait à quatre reprises culbuté et chassé l'ennemi de la partie de Ponte-Vecchio située sur cette rive du canal. Dans une de ces attaques, le colonel Charlier, du 90e, avait été tué à la tête de son régiment.

Cette énergique intervention avait permis aux grenadiers de continuer leur mouvement d'appui vers le 2e corps, en franchissant le canal sur le viaduc du chemin de fer. Peu après, la brigade Picard elle-même avait dû, par fractions successives, suivre ce mouvement et passer sur la rive gauche, pour s'opposer aux entreprises que les Autrichiens dirigeaient maintenant sur l'autre partie du village, et le général n'avait plus avec lui, sur l'extrémité du plateau entre le Naviglio et le Tessin, qu'un bataillon du 23e et deux compagnies de chasseurs à pied.

La situation était donc des plus critiques. Le village de Ponte-Vecchio, coupé en deux par le canal, ayant son pont détruit, la partie droite ne pouvait attendre aucun secours de l'autre rive. Deux corps d'armée autrichiens (IIIe et Ve), concentrés à Abbiate-Grasso, y multipliaient leurs attaques, s'efforçant d'envelopper cette aile droite de l'armée française et de s'ouvrir un passage vers le pont de San-Martino, afin de nous couper en deux en isolant les troupes qui avaient passé le Tessin de celles qui restaient encore sur la rive droite, et dont nous n'avions plus aucune nouvelle.

Quand on a eu l'honneur de servir sous les ordres du maréchal Canrobert, on ne peut oublier ni cette bravoure chevaleresque et communicative qui faisait de lui le plus vaillant soldat de l'armée française, ni cette voix vibrante dont la moindre parole avait le don d'électriser les hommes au point de leur faire accomplir des miracles. Jamais peut-être pareille occasion ne s'était présentée d'exercer sur des troupes harassées ce légendaire et prodigieux ascendant. Le maréchal a compris du premier coup d'œil l'importance capitale de la position de Ponte-Vecchio ; il n'a, pour s'y maintenir contre deux corps d'armée, que ces deux compagnies du 8e bataillon de chasseurs et ce bataillon d'infanterie déjà décimé par la lutte, manquant de munitions et privé du plus grand nombre de ses chefs ; il n'a pas une pièce à mettre en batterie, pas d'autre cavalerie que quelques hussards d'escorte. N'importe ! En se multipliant, en payant de sa personne, lui et les officiers qui l'entourent et auxquels il a su inspirer le plus absolu dévouement, il gardera la position. Privé des troupes que l'encombrement des abords du Tessin empêchent d'arriver, il assurera avec une poignée d'hommes la sécurité des corps qui sont engagés sur l'autre rive du canal et leur permettra d'achever, sans être inquiétés sur leur flanc, leur marche sur Magenta et leur attaque décisive contre ce village.

La riche végétation qui couvre le plateau et ses pentes peut empêcher l'ennemi de se rendre compte du petit nombre des défenseurs qui l'occupent ; mais, pour mieux le tromper, il faut se montrer partout à la fois, et surtout reconnaître à qui l'on a affaire soi-même. Le maréchal s'élance vers le bord du plateau ; nous l'y suivons tous à la file, et de là nous pouvons presque compter les troupes autrichiennes massées entre le pied des hauteurs et les rizières qui bordent le Tessin. Le maréchal monte un cheval blanc ; les dorures de son harnachement, les broderies de son képi étincellent au soleil ; nous portons tous épaulettes et aiguillettes — ce qui était alors la tenue de campagne ; nous sommes donc promptement signalés en bas, et bientôt nous servons de cible aux feux nourris de l'ennemi. De temps en temps, le maréchal se tournait vers nous :

— Allons, répétait-il, il y a ici de braves jeunes gens !

Les coups, tirés de bas en haut, passaient presque tous pardessus nos têtes. Je suivais immédiatement le colonel de Cornély, premier aide de camp du maréchal ; tout à coup, je le vois rouler par terre ; son cheval venait d'être tué et, le pied retenu dans l'étrier, il ne pouvait pas se relever. Je mets aussitôt pied à terre ; aidé d'un hussard de l'escorte, je dégage le colonel, puis je rejoins le maréchal.

L'ennemi, voyant que l'on n'avait pas répondu à son feu, commence à gravir les pentes ; caché par les mûriers et les vignes, il apparaît subitement à vingt pas de notre bataillon du 23e. Ces hommes étaient exténués ; ils n'avaient plus de cartouches, mais il leur restait leurs baïonnettes. Le maréchal les pousse en avant ; ils culbutent l'assaillant qui, laissant sur le carreau bon nombre des siens, roule dans le fond en y portant sans doute la nouvelle que nous sommes en force là-haut.

Les Autrichiens avaient, pour la quatrième fois, réoccupé la partie droite de Ponte-Vecchio, mise solidement en état de défense. Profitant de l'élan donné à son unique bataillon, le maréchal se met à sa tête, lui adresse quelques-uns de ces mots brûlants dont il a le secret, crie : « Vive l'Empereur ! » et l'entraîne, au pas de course, contre ces murs crénelés.

Devant l'impétuosité de cette attaque, en la voyant conduite par un maréchal de France en personne, l'ennemi croit avoir affaire à la tête d'une colonne formidable ; il abandonne le village sans tirer un coup de fusil, et nous y pénétrons de nouveau. Désormais, nous pouvions nous croire tranquilles ; les deux coups de main vigoureux que le maréchal venait d'exécuter devaient avoir convaincu l'ennemi que nous lui étions supérieurs en nombre.

Il était 5 *heures* et nous commencions à recevoir quelques renforts. Appelé de Trécate par ordre de l'empereur, le général Niel arrivait à Ponte-Nuovo avec la division Vinoy ; mais toujours sans artillerie, le pont de San-Martino, à demi rompu, ne permettant pas de lui faire franchir la rivière. Il nous envoyait deux bataillons du 85e (colonel de Bellecourt), et deux du 73e (colonel O'Malley), qui devaient nous permettre enfin d'assurer la conservation de la position que nous avions conquise. *Une heure après*, la brigade Jannin (division Renault) débouchait à son tour et, nous laissant seulement un bataillon du 56e, passait aussitôt sur la rive gauche du canal, où se faisait entendre, dans la direction de Magenta, une violente canonnade.

De ce côté, en effet, le besoin de renforts n'était pas moins urgent. Dès son arrivée, le général Vinoy, après avoir traversé le Naviglio et dirigé une brigade sur Magenta, avait tourné à droite avec les deux bataillons qui lui restaient. Dégageant ceux du 23e, qui, sous le commandement du colonel Auzouy, défendaient depuis deux heures les abords du pont du chemin de fer, il s'était élancé sur la partie gauche de Ponte-Vecchio et l'avait enlevée avec entrain. Mais il lui eût été difficile de s'y maintenir avec d'aussi faibles ressources; la brigade Jannin devait donc se hâter d'entrer en ligne.

A 6 *heures* 1/2, le capitaine piémontais comte Vimercati, envoyé aux nouvelles par le maréchal, vient lui annoncer que le 2e corps a pénétré dans Magenta. L'ennemi se met en retraite de ce côté, mais non sans faire, du nôtre, des efforts désespérés.

Ses retours offensifs sur Ponte-Vecchio sont incessants. A gauche, les généraux Niel, Vinoy, Renault et Jannin luttent énergiquement; dans un dernier assaut, le capitaine d'état-major Baligand, aide de camp du général Jannin, vient de tomber mortellement frappé. La partie droite continue d'être prise et reprise avec acharnement. Les troupes fraîches dont dispose le maréchal lui ont permis d'y rentrer pour la septième fois; il se porte au delà du village pour surveiller le placement des tirailleurs qu'il m'a envoyé demander au 85e, et s'arrête sur un terrain découvert d'environ 150 mètres carrés, ayant à sa gauche le canal, derrière lui les dernières maisons de Ponte-Vecchio, à droite un petit bouquet de bois, en avant un épais rideau de mûriers et de vignes. Nous sommes là depuis un quart d'heure, entendant seulement au loin, sur notre gauche, les derniers coups de canon de Magenta, quand tout à coup un peloton de hussards hongrois, débouchant à trente mètres de notre groupe, nous charge impétueusement. Le temps de retourner nos chevaux et les voilà pêle-mêle avec nous, nous rejetant vigoureusement dans le chemin qui longe le canal et nous sabrant à tour de bras. Aucun d'eux, par bonheur, ne s'avise de pointer; ils nous auraient tous embrochés. Mais que l'on se figure quarante chevaux affolés, bondissant les uns sur les autres dans un chemin étroit, bordé d'un côté par le canal, de l'autre par des murs de propriétés. Nous étions tellement serrés que pas un de nous n'aurait pu atteindre son sabre. Ce galop fantastique se prolonge pendant une centaine de mètres; un hussard met la main au collet du maréchal et lui arrache sa criméenne; quelques-uns d'entre nous reçoivent des blessures légères; le capitaine Armand, aide de camp du maréchal, a le menton écorché par une balle; son étrivière est coupée et il roule sous les pieds des chevaux; le capitaine de Vérigny, officier d'ordonnance, qui était à pied, est culbuté; le sous-lieutenant de Lostanges est légèrement atteint d'un coup de sabre à la tête; les pans de ma tunique flottant sur la croupe de mon cheval sont hachés. Le colonel de Bellecourt, qui se trouvait en travers du chemin à la sortie du village, est enlevé avec son cheval par cette trombe et porté par terre à dix mètres de là. Les hussards s'arrêtent alors et reviennent sur leurs pas. La brigade Jannin, qui est sur l'autre rive du canal, fusille au passage ces cavaliers, qu'elle avait pris au début pour des Français, leur uniforme différant à peine de celui de notre 8e hussards.

Cette charge de cavalerie avait pour but de masquer une nouvelle attaque dirigée par une forte colonne autrichienne sur le bas du village, qui était occupé par quelques compagnies du 73e. Le colonel de Senneville, chef d'état-major général, l'ami et l'auxiliaire dévoué du maréchal, qui se trouvait de ce côté, se met à la tête de ces compagnies, charge la colonne ennemie qui est culbutée, et tombe frappé au cœur d'un coup de pistolet qu'un officier lui tire à bout portant.

La journée était finie. Mac-Mahon avait déblayé Magenta, et l'arrivée d'une partie de la division Trochu, qui avait pu enfin franchir le Tessin, nous mettait à l'abri de nouvelles tentatives.

A 9 heures, le maréchal, accompagné de son état-major, allait à San-Martino rendre compte à l'empereur de la situation.

Dans cette mémorable journée, le maréchal Canrobert avait accompli un véritable prodige et pouvait revendiquer une large part dans la gloire du succès; avec un effectif des plus minimes, il avait pendant plusieurs heures tenu en échec deux corps d'armée; mais au prix de quels sacrifices! — Onze officiers et cent dix hommes tués; quarante-six officiers et huit cent soixante-douze hommes hors de combat; cent cinquante-quatre disparus. Ces chiffres sont énormes, eu égard au petit nombre des troupes engagées.

Parmi les officiers d'ordonnance du maréchal se trouvait un de nos plus sympathiques chroniqueurs militaires, Paul de Molènes, alors capitaine au 6e lanciers. A-t-il écrit ce que je viens de raconter? Son fils pourrait nous le dire; mais je ne l'ai vu publié nulle part. Comme nous tous, il joignait à sa fervente admiration pour le maréchal le plus respectueux attachement.

II. — SOLFÉRINO.

Dès le 21 juin, le 3e corps avait concentré à Mezzano, sur la Chiese, ses trois divisions d'infanterie et son artillerie de réserve. Mais il n'avait plus de cavalerie, la division Partouneaux lui ayant été retirée pour être, avec la division Desvaux, rattachée au 4e corps.

Cette décision, prise par le grand état-major général, était une des fautes les plus graves que l'on pût commettre. Dans ces derniers jours, en effet, l'armée française tout entière, disposée sur cinq colonnes parallèles, traversait cette vaste plaine située au sud de Montechiaro et de Castiglione, qui de tout temps a servi de champ de bataille aux armées opérant dans la haute Italie et où, cette fois encore, on s'attendait à rencontrer l'ennemi. Or, au cours de cette opération stratégique, le 3e corps, qui formait la colonne de droite, avait à exécuter une longue marche de flanc à proximité de la place de Mantoue, et, pour s'éclairer et se couvrir, sa cavalerie lui aurait été bien plus utile qu'elle ne pouvait l'être au 4e corps, qui marchait encadré. La seule atténuation que l'on puisse invoquer — si c'en est une — c'est qu'à cette époque, et depuis longtemps déjà, la cavalerie française, mettant en oubli l'expérience des dernières guerres impériales et les traditions si judicieusement recueillies par le général de Brack, était devenue complètement étrangère au service de sûreté comme à celui d'exploration. Uniquement préoccupée de la charge et du pansage, pendant les marches elle prenait rang dans les colonnes parmi les autres armes, le plus souvent derrière l'infanterie, afin de ne pas l'incommoder par la poussière qu'elle soulevait. Ces déplorables errements ont été pratiqués longtemps encore, et il a fallu la cruelle expérience de 1870 pour faire rétablir dans nos règlements des prescriptions qui en avaient si bien disparu que le plus grand nombre a cru y voir une heureuse innovation.

Nous verrons tout à l'heure que la faute commise n'avait pas échappé à l'ennemi et qu'elle eut pour conséquence de nous placer dans la situation la plus critique et d'immobiliser, pendant toute la journée de Solférino, la moitié d'un corps d'armée dont la présence sur le champ de bataille aurait été un précieux appoint.

Dans l'après-midi du 23, le colonel Besson, qui avait succédé comme chef d'état-major général au colonel de Senneville, tué à Magenta, faisait appeler deux officiers de cet état-major, le capitaine Vanson et moi :

— Le maréchal, nous disait-il, s'attend à recevoir cette nuit l'ordre de se porter sur Médole; vous allez faire immédiatement les reconnaissances nécessaires.

Deux routes pouvaient être utilisées pour faire ce trajet. La première, qui fut reconnue par le capitaine Vanson, était un simple chemin vicinal, étroit et assez mal entretenu, qui, longeant d'abord la rive droite de la Chiese jusqu'à hauteur de Visano, franchissait en cet endroit la rivière sur un pont de bois en mauvais état, passait ensuite par Acquafredda, puis en vue de Castel-Goffredo, et remontait enfin à Médole après un parcours d'environ 22 kilomètres.

L'autre, qui m'était échue, traversait la Chiese au village même, au moyen d'un gué excellent, à fond de gravier très résistant, à rampes douces, et bien préférable au mauvais pont de madriers qui se trouvait à quelques mètres en amont. Elle se dirigeait ensuite en droite ligne sur Carpenedolo, et de là, en droite ligne aussi, sur l'angle sud-ouest du bourg de Médole. C'était une belle route, bien ferrée, bien entretenue et de 8 à 10 kilomètres plus courte que la précédente.

Quand, vers le soir, nous vînmes rendre compte de notre mission :

— Eh bien, nous dit le colonel Besson, nous prendrons la route la plus longue et la plus difficile, parce qu'on ne nous fait pas connaître l'itinéraire des autres corps d'armée, et qu'en appuyant sur notre gauche nous risquerions de nous heurter à des colonnes en marche et de perdre plusieurs heures peut-être à attendre leur écoulement.

Le 24, à 2 *heures* 1/2 du matin, la division Renault commence le mouvement; à 4 *heures* part la division Trochu; à 5 *heures* 1/4, la division Bourbaki se met en route à son tour. Ces longs intervalles ont été calculés en prévision du temps qu'exigera le passage de la Chiese sur le pont près de Visano. Celui-ci est dans un tel état qu'avant d'y engager les colonnes, on est dans l'obligation de le consolider au moyen de peupliers abattus sur les rives. Mais ce travail ne suffirait pas encore pour lui permettre de résister au poids des canons, et les batteries divisionnaires doivent utiliser un gué qui se trouve heureusement à quelques mètres du pont.

Quant à l'artillerie de réserve, elle a ordre de rejoindre à Médole avec les bagages, en passant par Carpenedolo.

A 6 *heures* 1/2 du matin, au sortir d'Acquafredda, nous entendons le canon gronder très loin sur notre gauche. Tout d'abord, le maréchal presse le pas ; mais, les détonations ayant paru cesser, il s'arrête pour permettre à la tête de colonne de nous rejoindre. *Une heure après*, comme nous arrivions à hauteur de Castel-Goffredo, petite place du moyen âge encore pourvue de sa ceinture de tours et de murailles crénelées, un habitant se présente au maréchal et le prévient qu'un parti de cavalerie autrichienne, venu de Mantoue, occupe la ville, où il s'est barricadé. Le maréchal arrête la colonne et donne au général Renault l'ordre de s'emparer de Castel-Goffredo.

Tandis que le général Jannin, commandant la brigade de tête, tourne la place par le sud avec un bataillon du 56e, un autre bataillon du même régiment la tourne par le côté opposé, précédé du peloton du 2e hussards, commandé par le capitaine Lecomte — qui forme l'escorte et la seule cavalerie dont puisse disposer le maréchal — et qui va essayer de couper la retraite à l'ennemi. En même temps, le général d'artillerie Courtois d'Hurbal fait attaquer à coups de hache, par la compagnie du génie de la 1re division, la porte de la ville, qui, promptement forcée, permet au reste du 56e d'y pénétrer. Mais les cavaliers autrichiens qui s'y trouvaient l'ont précipitamment évacuée. Au moment où, sortant de la place, ils s'engagent sur la route de Mantoue, nos hussards fondent sur eux avec impétuosité, les sabrent et leur enlèvent plusieurs prisonniers ; de notre côté, le sous-lieutenant Renno est légèrement blessé d'un coup de sabre à la main droite.

Avant-garde ou reconnaissance, la rencontre de cette cavalerie était un indice des plus probants : l'ennemi n'était pas loin, et si, pour nous rendre à Médole, nous avions pris la route la plus directe, il est au moins probable qu'à peine arrivés nous l'aurions eu sur nos derrières. L'incident de Castel-Goffredo avait-il suffi pour écarter définitivement ce péril? nous le saurions plus tard. Mais, en attendant, il nous avait fait perdre trois quarts d'heure; la colonne se remettait donc en route et, son objectif n'étant plus qu'à une faible distance, le maréchal, suivant sa coutume, prenait les devants pour aller reconnaître lui-même l'emplacement de ses bivouacs.

A 9 *heures*, il rencontrait, à l'entrée de Médole, le chef d'escadron d'état-major Crépy, envoyé à sa recherche par le général de Luzy-Pélissac, commandant la 3e division du 4e corps, et chargé de lui faire connaître que cette division, attaquée sur plusieurs points à la fois par des forces supérieures, et menacée d'être tournée par sa droite, ne pourrait bientôt plus tenir si l'on ne venait promptement à son secours.

Depuis le matin, en effet, une bataille était engagée, bataille de surprise comme toujours en ce temps où, le service d'exploration étant complètement négligé, celui des renseignements ne fonctionnait guère mieux. Les Autrichiens, que l'on croyait encore au delà du Mincio, avaient, dès le 23, repassé la rivière pour venir occuper, sur les hauteurs entre San-Martino et Solférino, et jusque dans la plaine, des positions qu'ils connaissaient bien, ce terrain étant pour eux — comme était pour nous le camp de Châlons — le théâtre de leurs manœuvres annuelles. Ce même jour, il est vrai, sur un ordre venu du 4e corps, un escadron du 1er lanciers, commandé par le capitaine Laurens, avait été envoyé en reconnaissance de Carpenedolo sur Guidizzolo et Cavriana. Mais, comme cela se pratiquait d'habitude, cet escadron s'était borné à suivre la route indiquée sans s'en écarter un instant; puis, en vue du clocher de Cavriana, il avait fait demi-tour par quatre et, à sa rentrée, avait rendu compte qu'il n'avait rencontré personne. Dans la soirée, cependant, trois corps d'armée autrichiens campaient autour de Guidizzolo, tandis que deux bataillons, avec la cavalerie, étaient installés en avant-postes de combat à Médole, d'où la division de Luzy avait dû les chasser dès le matin du 24.

Il ne pouvait plus être question de bivouac. Le maréchal, laissant à Médole le commandant Clémeur et le capitaine Bourgeois, avec mission de diriger sur la route de Ceresara la division Renault aussitôt qu'elle arrivera, se porte lui-même en avant pour aller, en attendant, reconnaître le terrain et se rendre compte de la situation.

Celle-ci était grave, en effet. Le 4e corps, isolé dans la plaine en face de trois corps d'armée autrichiens, avait, dans la crainte de se voir enveloppé, mis tout son monde en ligne et démesurément allongé son front. Tandis que sa droite (division de Luzy) était devant Rebecco, sa gauche (division Vinoy) occupait la Casa Nova, contre laquelle l'ennemi dirigeait des retours offensifs incessants et très vigoureusement conduits. Mais cet expédient n'avait rien pallié : les intervalles entre les divisions étant énormes, les Autrichiens faisaient des efforts constants pour y pénétrer. Le corps qui menaçait Rebecco avait déjà formé un crochet pour attaquer le flanc extérieur de la division de Luzy, tout en cherchant à la séparer de la division de Failly, qui était à sa gauche, et lui faisait subir des pertes sérieuses. Au moment où le maréchal arrivait, le feu avait atteint une intensité inouïe ; un des officiers qui l'accompagnaient, le lieutenant d'état-major Bourelly, recevait à la jambe une balle qui, heureusement, s'aplatissait sur la tringle en fer de son houseau, lui faisant seulement une contusion assez forte pour le mettre hors de combat.

Ayant constaté par ses propres yeux l'urgence du secours demandé, le maréchal revenait en toute hâte à Médole pour en presser l'envoi et prendre les dispositions nécessaires en vuë d'appuyer aussi le centre du 4e corps (division de Failly). Il était 10 *heures* 1/4. Conformément aux instructions qu'il avait laissées, la division Renault, arrivée dans l'intervalle, avait été aussitôt dirigée vers Rebecco et, comme la tête de colonne de la division Trochu paraissait à son tour, il donnait lui-même à son chef l'ordre de se porter à la gauche de la précédente.

A peine ce mouvement était-il commencé, que deux officiers d'ordonnance de l'empereur, les capitaines de Clermont-Tonnerre et de Kleinenberg, se présentaient à quelques minutes d'intervalle. Le premier apportait au maréchal l'ordre d'appuyer la droite du 4e corps. — « C'est déjà fait », répondait celui-ci en expliquant les dispositions qu'il venait de prendre. Le second lui communiquait une lettre adressée à l'empereur par un habitant d'Assola le 23 à 8 heures du soir, et parvenue seulement assez tard dans la matinée. Cette lettre annonçait que 20,000 à 25,000 hommes, venus de Mantoue par la route de Marcaria, étaient bivouaqués à Acquanegra et se disposaient à marcher sur Médole pour le prendre à revers. En conséquence, l'empereur prescrivait au maréchal de rester à Médole *avec tout son corps d'armée*, pour s'opposer à ce mouvement tournant. « — Vous direz à l'empereur, — répondait textuellement le maréchal, — que je ne puis pas exécuter son ordre, parce que ma division Renault est déjà partie au secours de la division de Luzy, et que ma division Trochu est en route pour aller appuyer le général de Failly. Mais j'arrêterai le mouvement après la première brigade de Trochu ; je laisserai ici Bourbaki et Collineau; je pense que c'est assez pour garder Médole. »

Aussitôt ses instructions données en ce sens au général Bourbaki, le maréchal se hâtait de regagner la tête de son corps d'armée, afin de surveiller lui-même l'exécution de ses ordres antérieurs.

Voici quelle était, à ce moment, la situation de la brigade Jannin (division Renault), qu'il avait mise en premier lieu à la disposition du général de Luzy. Le 41e, arrivé sur la ligne de bataille à 11 *heures,* était déployé à deux kilomètres environ de Médole, à droite de la route de Ceresara. Une section d'artillerie, mise en batterie sur la route même, avait ouvert son feu contre les pièces autrichiennes et les colonnes ennemies qui tentaient d'envelopper l'aile droite, et obligé, après quelques instants de lutte, l'artillerie adverse à se retirer.

Une demi-heure plus tard, le 56e, qui avait été retardé dans sa marche par la manœuvre qu'il avait dû exécuter pour dégager Castel-Goffredo, était arrivé à son tour et, disposé en potence derrière le 41e, faisait face vers cette petite ville, de manière à surveiller le mouvement tournant que l'on s'attendait toujours à voir se produire de ce côté. L'autre brigade de la même division (général Picard), arrêtée presque dès la sortie de Médole et massée en réserve, se tenait prête à venir renforcer la première. Ces dispositions, prises d'après les indications du commandant du 4e corps, avaient arrêté momentanément les tentatives que les Autrichiens avaient jusque-là dirigées avec acharnement, par la route de Ceresara, contre la droite de la division de Luzy, et devaient, dans la pensée de celui qui les avaient dictées, permettre à celle-ci de se rapprocher de la division de Failly, en exécutant ce mouvement, toujours si périlleux en pareille occurrence, d'appuyer vers sa gauche dans la direction du village de Rebecco, contre lequel l'ennemi paraissait maintenant porter son effort principal.

Quant au général Trochu, arrivé peu de temps avant nous avec la brigade Bataille, il s'était mis aussi à la disposition du général Niel qui lui avait prescrit de se placer en réserve.

A midi, comme le maréchal Canrobert débouchait sur le champ de bataille suivi de son état-major, la situation était de nouveau des plus critiques. Rebecco, déjà pris et repris plusieurs fois dans la matinée, était retombé au pouvoir de l'ennemi et, comme s'il eût voulu se hâter d'en finir avant l'arrivée de renforts qu'il pressentait, celui-ci multipliait de ce côté ses attaques de plus en plus vives. La division de Luzy, épuisée par le combat incessant qu'elle soutenait depuis le matin contre un adversaire de beaucoup supérieur en nombre et par les pertes énormes qu'elle avait déjà éprouvées, ne résistait plus que péniblement, malgré l'adjonction d'un régiment — le 73e, colonel O'Malley — que le général Niel avait fait venir de la division Vinoy, placée à son aile gauche.

Dès notre arrivée, le capitaine Lecomte, du 2e hussards, commandant l'escorte du maréchal, roulait par terre avec son cheval, qu'un boulet venait de traverser de part en part; en même temps, un de nos jeunes camarades, qui se trouvait aux côtés du général de Luzy, le lieutenant d'état-major Manceaux, tombait mortellement atteint d'une balle en pleine poitrine. En quelques minutes on perdait du terrain trois fois, et j'ai encore devant les yeux la grande figure impassible du général qui, venu pour entraîner les siens jusque sur la ligne de bataille, et entouré soudain de fantassins croates qui chargeaient à la baïonnette, avait dû mettre l'épée à la main pour se dégager.

Le maréchal, qui, le matin à Médole, n'avait pas hésité à se dépouiller de la moitié de son commandement pour venir en aide au 4e corps, en mettant une division et demie à la disposition du général Niel, reprend alors la direction de ces troupes, peu utilisées jusque-là, et prescrit au général Renault de porter en avant ses deux brigades et de ressaisir à tout prix les positions que la division de Luzy a été contrainte d'abandonner. *Une demi-heure après*, cet ordre était exécuté, et le général de Luzy, solidement encadré désormais, pouvait sans danger opérer son mouvement latéral pour mettre son aile gauche en contact avec la division de Failly établie à Baete, où elle soutenait aussi, et depuis longtemps, la lutte la plus opiniâtre.

Mais, entre celle-ci et la division Vinoy, qui s'appuie à la Casa Nova, il reste encore un large espace vide, qu'il importe d'occuper aussi pour empêcher l'ennemi d'y pénétrer. *A midi et demi*, le maréchal ordonne au général Trochu de s'y porter rapidement avec la brigade Bataille. Lui-même vient recevoir cette brigade, composée des 44e et 43e de ligne et du 19e bataillon de chasseurs. Après avoir reconnu le terrain, il la dispose en échiquier, les bataillons en colonne serrée par division, l'aile droite en avant, et dans cette formation, sous la protection de l'artillerie divisionnaire qu'il a établie d'abord sur sa gauche, la brigade entière vient s'encadrer entre les deux divisions du 4e corps, achevant ainsi de rendre compacte une ligne de bataille dont les intervalles trop considérables avaient, jusque-là, compromis la solidité. C'est le seul mouvement tactique régulier que, dans tout le cours de la campagne, j'aie vu exécuter sur un champ de bataille.

A l'aile droite, nous avons laissé Rebecco encore au pouvoir de l'ennemi. Vers 1 *heure* 1/2, par ordre du général Niel, le colonel O'Malley, du 73e, qui vient de remplacer dans le commandement de sa brigade le général Douay blessé, attaque ce village avec deux bataillons de son régiment, s'en empare après un combat très vif et s'établit en avant, décidé à repousser tout retour offensif. Mais l'ennemi, toujours supérieur en nombre, cherche encore une fois à le tourner par sa droite. Le général Renault intervient alors en lançant, sous le commandement du colonel Guilhem, du 90e, une colonne composée d'un bataillon du 56e (brigade Jannin), du 90e tout entier et de deux compagnies du 8e bataillon de chasseurs (brigade Picard) avec une section d'artillerie. Une vigoureuse charge à la baïonnette, dirigée par le commandant Schwartz, du 56e, dégage le 73e et, *vers 2 heures*, la possession de Rebecco est définitivement assurée. Le colonel Guilhem y établit aussitôt un bataillon du 90e, les deux autres restant en réserve, et fait occuper le terrain en avant par les deux compagnies de chasseurs et les deux bataillons du 73e, ayant à leur droite celui du 56e. Quelques instants après, pour rendre encore plus complète la sécurité de cette aile, le général Renault place lui-même en arrière deux bataillons en échelons.

Découragé par l'inutilité de ses tentatives et par l'arrivée dans nos lignes de renforts que la vigueur de leur attaque lui a fait juger sans doute plus importants qu'ils ne le sont en réalité, l'ennemi semble alors renoncer à son projet de déborder la droite du 4e corps pour concentrer tous ses efforts contre la Casa Nova, où le général Vinoy se maintient énergiquement depuis plusieurs heures. De ce côté, en effet, le 2e corps (Mac-Mahon), qui a reçu l'ordre d'enlever les positions de Cavriana, a laissé entre lui et le 4e un large espace vide à la faveur duquel il semble facile de couper en deux l'armée française.

Mais la division de cavalerie Partouneaux est massée en arrière avec son artillerie, et plusieurs charges successives de hussards et de lanciers déconcertent tout d'abord les colonnes autrichiennes qui cherchent à y pénétrer. On peut prévoir, cependant, que leur hésitation ne sera pas longue : les forces que l'ennemi accumule sur ce point témoignent de son intention d'y poursuivre une offensive opiniâtre, et le général Niel, dont toutes les réserves sont engagées, adresse au maréchal Canrobert une nouvelle demande de secours.

Le maréchal avait déjà compris la nécessité d'appeler à lui la division Bourbaki, arrêtée depuis son arrivée et déployée entre Médole et Castel-Goffredo, dans le but de s'opposer au mouvement tournant attendu de ce côté. Mais, avant tout, il importait d'être fixé sur les intentions et sur la marche de ce corps autrichien qui devait nous prendre à revers et que l'on disait parti de Mantoue depuis la veille, renseignement confirmé, semblait-il, par la rencontre que nous avions faite le matin même à Castel-Goffredo. Privé de sa cavalerie, qui lui aurait permis de pousser au loin des reconnaissances, il était dans l'impossibilité de se procurer à ce sujet aucune information. Dans cette incertitude, il avait expédié au général Bourbaki deux de ses officiers d'ordonnance, les capitaines de Molènes et de Gantès, chargés de lui communiquer ce message verbal :

— Nous avons grand besoin de votre concours ; mais j'ignore

absolument ce qui se passe en face de vous. Si vous êtes mieux renseigné, comme je l'espère, et si vous croyez pouvoir quitter Médole, venez au plus vite.

Le général lui faisait répondre :

— Je n'ai pas un cavalier pour faire une reconnaissance. Mais à plusieurs reprises et en plusieurs endroits mes tirailleurs ont été engagés avec des tirailleurs autrichiens. Je dois en conclure que l'ennemi n'est pas éloigné et, dans ces conditions, j'estime qu'il serait imprudent de quitter les positions que j'occupe.

Aussitôt le maréchal prescrit au général Besson, chef d'état-major général, d'aller reconnaître lui-même le terrain en avant de la division Bourbaki et, suivant ce qu'il aura vu, de lui transmettre en son nom l'ordre de venir ou de rester. Dans tous les cas, la brigade Collineau, de la division Trochu, devra être laissée à Médole. Le colonel part immédiatement, suivi de deux hussards de l'escorte.

Il est 3 *heures*. — Depuis longtemps déjà, les nuages de fumée qui s'élevaient successivement sur différents points des hauteurs situées à notre gauche, et le canon qui grondait du même côté, nous ont permis de suivre presque pas à pas les progrès de l'attaque dirigée contre Cavriana par le maréchal de Mac-Mahon. Il reste enfin maître de la position, et le général Niel, dont le centre est maintenant renforcé par la brigade Bataille et la droite solidement appuyée à la division Renault, jugeant le moment venu de tenter un mouvement offensif contre Guidizzolo, pousse dans cette direction une colonne de six bataillons tirés des divisions de Luzzy et de Failly. Mais ces troupes, décimées par une longue lutte, harassées de fatigue et de chaleur, après avoir repoussé l'ennemi jusqu'en vue des premières maisons, se trouvent tout à coup en face de trois fortes colonnes autrichiennes dont le feu les oblige à rétrograder sur Baete.

Le général Trochu porte alors en avant la brigade Bataille, tandis que, pour la soutenir, le maréchal prescrit au général Courtois d'Hurbal d'amener et de mettre en batterie toute son artillerie de réserve, commandée par le colonel Bertrand. Électrisée par l'exemple de ses chefs et par quelques-unes de ces paroles chaleureuses avec lesquelles le général Trochu sait enflammer le cœur du soldat, cette brigade, toujours formée en échiquier, s'avance à travers un terrain coupé de fossés, couvert d'arbres, de vignes et de maïs gigantesques, avec la même régularité que sur un champ de manœuvres. Tout à coup, le général Bataille s'aperçoit qu'à la faveur de ce rideau de végétation son flanc droit est complètement débordé et près d'être enveloppé par la colonne de gauche des Autrichiens. Il fait faire à droite aux deux bataillons de seconde ligne du 44e et les lance sur une tuilerie dans laquelle la tête de cette colonne s'est déjà solidement établie. Vigoureusement entraînés par le colonel Pierson et les commandants Condamin et Richoux, ces deux bataillons culbutent l'ennemi et le chassent de cette position, en lui enlevant deux canons et de nombreux prisonniers.

La colonne du centre ne réussit pas mieux dans son attaque. Elle se heurte aux trois bataillons du 43e qui, se prêtant un mutuel appui grâce à leur disposition en échiquier, la rejettent en arrière par des charges à la baïonnette, exécutées avec la plus grande vigueur. Dans une de ces charges, le colonel Broutta est tué d'une balle dans la tête.

La colonne autrichienne de droite qui, grâce à quelques bouquets de bois, a pu passer devant nous sans être vue, est découverte et chargée par toute la division Desvaux. Formée en quatre carrés qui se fournissent des flanquements réciproques, un seul peut être entamé par notre cavalerie. Les trois autres résistent jusqu'à l'arrivée du 19e bataillon de chasseurs, dont l'attaque vigoureuse les oblige définitivement à battre en retraite.

La brigade Bataille, de nouveau réunie et compacte et dirigée par le général Trochu lui-même, continue à s'avancer carrément, seule, sans réserve et sans soutien, poursuivant l'ennemi avec ardeur à travers la vaste plaine qui s'étend jusqu'à Guidizzolo, et va bientôt atteindre ce bourg, dont la possession achèvera de rendre nos positions inexpugnables.

Le colonel Besson, qui a accompli sa mission et parcouru toute la plaine en avant de Castel-Goffredo, vient de rentrer en annonçant au maréchal que, d'après ses ordres, la division du général Bourbaki est en route pour nous rallier, quand, *vers 5 heures*, un orage épouvantable, qui éclate subitement et soulève d'épais tourbillons de poussière, bientôt suivis d'une pluie torrentielle, vient séparer les combattants, aveuglés dans cette atmosphère opaque, et mettre fin à la lutte, qui a été depuis le matin héroïquement soutenue de part et d'autre. Cet orage se prolonge pendant près de deux heures avec la même violence inouïe, et l'armée autrichienne en profite pour se mettre en retraite sur Goito et Volta ; la tourmente apaisée, nous n'avons plus personne devant nous.

A 8 *heures* 1/2, nos troupes, maîtresses du champ de bataille, bivouaquaient sur leurs positions. Le maréchal et son état-major passaient la nuit dans l'église de Rebecco, dont la voûte était trouée par les boulets.

Dans les pages qu'on vient de lire, je n'ai pas eu la prétention de refaire *l'histoire* de la bataille de Solférino ; j'ai voulu seulement présenter sous leur véritable aspect des péripéties dont j'ai été témoin et que, le plus souvent, même chez les écrivains de bonne foi, on ne trouve rapportées que d'une manière inexacte ou incomplète.

Malgré l'égrènement de son corps d'armée et le mélange insolite de ses unités avec celles du 4e corps — imposés par des circonstances dont il n'était pas responsable et par des fautes qu'il n'avait pas commises — le rôle du maréchal Canrobert à Solférino a été considérable. Par son ascendant personnel et l'entrain qu'il savait si bien communiquer à ses troupes, il a puissamment contribué à relever une situation gravement compromise au moment de son arrivée. Les militaires qui savent leur métier me comprendront et ne me contrediront pas.

Un mot malheureux, échappé à la plume du général Niel dans son rapport, avait donné à penser que le commandant du 3e corps n'avait *consenti que tardivement* à lui venir en aide. Le maréchal, qui était la loyauté même, et qui avait déjà donné en Crimée le plus noble exemple d'abnégation, en fut cruellement affecté. J'ai été moi-même appelé à écrire sous sa dictée la lettre dans laquelle il faisait entendre une douloureuse protestation. A notre rentrée à Paris, une note rectificative fut insérée, par ordre de l'empereur, au *Moniteur de l'armée;* mais le coup était porté, et les stratégistes en chambre qui, dès cette époque, faisaient nombre, ont réussi à perpétuer une légende que nous entendions encore évoquer naguère, au nom de rancunes politiques aussi mesquines qu'injustifiées.

« Quand il est question de cuisine, de politique ou d'art militaire, disait Alphonse Karr dans une de ses *Guêpes,* tous les Français sont compétents. »

Un jour viendra, cependant, — il faut au moins l'espérer, — où l'histoire recherchera de préférence le témoignage de ceux qui auront vu, et où l'on accordera plus de confiance aux appréciations d'un officier qui n'a pas quitté le maréchal pendant toute la campagne, qu'à celles d'un petit professeur de quatrième bombardé sénateur par on ne sait quelle aberration d'un groupe de délégués municipaux.

Contre de pareilles imputations le maréchal Canrobert n'avait pas besoin d'être défendu. J'ai cru, cependant, remplir un devoir en écrivant cette relation fidèle d'incidents qui bientôt ne seront plus connus de personne, et en apportant à la mémoire du maréchal ce témoignage public des sentiments de respect et d'admiration qu'il inspirait à tous ceux qui, dans le cours de leur carrière, avaient eu l'honneur de l'accompagner au feu.

Paris. — Imprimerie L. Baudoin, 2, rue Christine.

PARIS. — IMPRIMERIE L. BAUDOIN, 2, RUE CHRISTINE.

www.ingramcontent.com/pod-product-compliance
Ingram Content Group UK Ltd.
Pitfield, Milton Keynes, MK11 3LW, UK
UKHW022148260726
13993UKWH00005B/2235

9 782019 957728